# ERICH
# VERSCHMITTZTER
# TIERPARK

W0409095

# ERICH
# VERSCHMITTZTER TIERPARK

BERLIN INFORMATION

DEM
UNBEKANNTEN
TIERPFLEGER

## Vorwort

Die Tierliebe des Berliners ist geradezu sprichwörtlich. Und da der Berliner auch «Det Jrüne» liebt, hat er sich in Berlin-Friedrichsfelde ein Tierparadies geschaffen. Jawoll! Bevor am 2. Juli 1955 der Tierpark eröffnet wurde, hatten Tausende Berliner mit Hacke und Schaufel, Maurerkelle und Schweißapparat in unzähligen Aufbaustunden mit Hand angelegt. In den Berliner Betrieben und in der Bevölkerung wurden Spenden für die Anschaffung der ersten Tiere gesammelt. So fing es an.

Heute ist der Berliner Tierpark eine der beliebtesten Sehenswürdigkeiten der Hauptstadt der DDR.

Da ich selbst gebürtiger Berliner bin, habe ich von Anfang an mit meinen «Tierpark-Skizzen» in der «Berliner Zeitung» mitgeholfen, unseren Tierpark zu popularisieren. Zu den vielen Tieren gehören natürlich auch Tierpfleger, und so entstand die Figur «Ede der Tierparklehrling».

Er steht gewissermaßen stellvertretend für all die zahlreichen Helfer, die mit viel Liebe und Aufopferung die Tiere hegen und pflegen.

Ede blieb jedoch nicht lange allein.

Vom Lehrling zum Tierpfleger aufgestiegen, verliebt er sich in seine schmucke Kollegin Edeltraut, die er später heiratet. Dies ist im Tierpark nichts Ungewöhnliches, denn es gibt dort mehrere solcher Ehepaare.

Schon des öfteren fungierten diese als Pflegeeltern von Jungtieren wie Affen oder Löwen, die von ihren Müttern nicht angenommen wurden, und zogen sie zu Hause liebevoll auf.

Genug der Worte,
lassen wir die Bilder sprechen!

Erich Schmitt

«Ick werd varrickt.
Mir laust der Affe!» — «Mich laust er!
Mich!»

«Warum hat der Tija so ne Streifen?»
— «Damit er bessa durch'n Dschungel
streifen kann.»

«Macht mal 'n bisken Platz,
liebe Berlina. Heute findet hier 'ne Bärentaufe
statt.»

«Haste schon jehört, Dombo?
Im Terrassencafé ham se Selbstbedienung einjeführt.
Da müssen wa unbedingt mal hinjehn.»

«Hört bloß uff zu trompeten!
Det Frühkonzert is ja nu vorbei!»

«Die Anakonda hat schon wieder ein neues Kleid.»
— «Na und?
Dafür sorcht se aba ooch alleene!»

«Na, sowat,
wie jeschickt der Affe sojar mit de Beene ist.»
«Ja, wenn ick dabei an deine zwee linken Hände denke, die
keen Nagel in de Wand kriejen.»

«Ede träumt wohll imma noch vom Tierparkball und wie er mit Edeltraut jetanzt hat.»

«Ick heiße Flamingo, und du?»
— «Ttttrampeltier.» —
«So siehste ooch aus.»

«Jetzt kommt die Mutta und nu wern se jeatzt.»
— «Jetzt weeß ick ooch, warum du Atze heeßt.
Weil de ooch so vafressen bist.»

«Strick schneller, Oma! Kosko hat schon dreimal jeniest!»

«Schau mal,
wie der Kleine sich brav Hände und Gesicht waschen läßt.»
«Willste lieba een Affen als Sohn ham?»

«Eijentlich wollte Edeltraut Sekretärin werden.
Aba denn brach die Tierliebe bei se durch.»

«Wat heeßt hier "Maskerade"?
Det is 'ne Frage des Stils,
wie ick mir mit'n indischen Löwen
ablichten lasse, klar?»

«Ick hab gehört,
hier is een Leierhirsch jeborn worden.
Da wollte ick der Mutta een zünftijet
Ständchen leiern.»

«Na, du Postillon d'amur,
hast du wieder einen Liebesbrief von Ede für mich?»

«Ick seh nüscht. Wo sind denn die Känguruhs?»
— «Weeß ick?
Die wer'n ooch mal Urlaub machen.»

«Ede, denk daran,
das Tierparkfest ist für die Besucher da!»

«Wo is denn bloß der kleene Pelikan? Jeden Tach versteckta sich woanders!»

«Sagen Se mal,
jehn in die Zottelfelle nicht die Motten rin?»
«Nee, dafür sind det doch Moschusochsen.»

«Wat soll ick machen,
mein Drahtesel is in Reparatur.»

«Ede, ick fahre zur Kur.
Nimm doch meinen Felix in Pfleje.
Kannst'n ja als kleenen schwarzen Pantha
ausstelln.»

«Olaf, wie oft soll ick dir noch sagen, du sollst nich so unjezogen zu die Besucher sein.»

«Eigentlich wollte ich ja Kindergärtnerin werden.»

«Mia hat eena azehlt,
Katzen lieben Baldrian.
Nu werd ick nach'n ersten Versuch
die Jeista nich mehr los.»

«Wenn schon die Besucher
euch solch einen Dreck ins Wasser werfen,
dann seid wenigstens so vernünftig
und freßt nur mein einwandfreies Futter,
klar?!»

«Der Meyer von Zimmer zweehundertzehn
hat ooch soon dicket Fell.
Da muß ick beim Spritzen uffpassen, det ick nich
die Nadel vabieje.»

«Aua!
Mußt du dein dämlichet Ei
ausjerechnet uff meene Hühneroogen
ballern?»

«Wat heeßt hier praktisch?
Kindawagen bleibt Kindawagen!»

«Haben Sie auch Faultiere im Tierpark?»
— «Wo jibts die nich?
Wir stell'n se bloß nich aus.»

«Nee, nee, Edeltraut. Die Pediküre mach ick alleene.
Nachher pfeift mir der Chef an,
weil du den Elefanten die Zehennäjel
rot lackiert hast.»

«Ja, ja, wir jehn ja jleich zu deine Löwen und Tijas.
Aba die fressen mir nu mal nich aus de Hand,
weeste!»

«Dem seinen Schuh kannste stundenlang wienern.
Aber deine Dreckbotten überläßt du mir
zu Hause.»

«Mama, wann ist eijentlich Winta?»
— «Na jetzt, wenn die Menschen ihr Fell
üba de Ohrn ziehn und die roten Neesen
rauskieken.»

«Also mir jenücht mein Herbertchen vollkommen!»

«Diese Kühe sind in Indien heilich.
Wenn die sich uff de Straßenbahnschienen lejen,
darf se keena uffscheuchen.»
«Na, denn muß aba eene von die jestern uff de Schienen
von de 63 jelejen ham.»

«Mutta woher kommt der Ausdruck
Trampeltier?» —
«Vom Tanzen, mein Junge.»

«Natürlich sind indische Löwen
eene jroße Seltenheit.
Aba hia in Berlin-Friedrichsfelde
prodoziern wa se am loofenden Band.»

April! April!

«Keene Zeit.
Ick hab 'ne Führung mit de Optikerinnung.
Denen muß ick die Brillenschlange, den Brillenkaiman,
den Brillenbär usw. zeijen.»

«Du mit deinen ewigen Lora! Lora!
jehst mir uff'n Wecka.
Ick sehne den ersten warmen Tach herbei,
wo ick mir wieda mit die Besucha
im Freien untahalten kann.»

«Wie heeßen die Biesta?
Ick hab die vakehrte Brille uff.» —
«Aba nich saua sein, Oma.
Da steht: Brilleneule.»

«Ach, Edeltraut,
ausjerechnet vor de Vitrine vom Paradiesvogel
bieteste mir 'n Appel an.
Wenn det man jut jeht.»

«Hier, siehste denn nich, Onkel? Der hier hat seinen Kronleuchta verlorn!»

«Nu hab ick dir extra warmet Wassa jebracht,
damit de dir nich den Wanst vakühlst.
Nu soll ick dir woll noch'n Jlühwein
draus machen, wat?»

«Kiek mal, Vata,
der Eisbär taut ooch schon!»

«Für wen ick det Ei bemale? Na for die Eierschlange. Det janze Jahr een Ei wie det andere. Soll ooch merken, det Ostern is.»

«Ohne uns wäre diese Friedensfahrt jlatt uffjeschmissen.
Ick habe vorhin im Radio mitjehört, det dieset Jahr
alle Fahrer eenen Affenzahn druff haben.»

«Mensch müßte man sein,
dann könnte man den Pelz ausziehen
wann man will.»

«He, Ede!
Die Präriehunde haben ihren Winterschlaf beendet,
aber du stehst immer noch so dösig rum!»
— «Eben deswejen,
weil ick keen Wintaschlaf jehabt habe!»

«Junger Mann, der Frühling ist ausgebrochen!»
«So'n Mist, da muß ick Überstunden machen, bis det Biest wieda einjefangen is.»

«Wenn jeder Berliner Angler bloß eenen Stachel als Pose ham will, müßte meine Oma for die nackten Stachelschweine Pullover stricken.»

«Ick vasteh jar nich,
wat die Besucha jejen Matschweje ham.
Ick fühl mir in sowat sauwohl.»

«Stell dir vor,
Herr Singh aus Indien sieht hier
zum erstenmal in seinem Leben
original indische Löwen.»

«Da staunt ihr aba, ihr kleenen Thüringer.
Sowat habt ihr in Erfurt oda Jera nich, wa?»
«Nä, die Breitmaulnashörner bassen ooch besser
zu de Berliner.»

«Wat willst'n mit dem Spiejel hier?»
«Ick will seh'n, wer zuerst rinkiekt. Denn wees ick, wer der Sekretär und wer die Sekretärin is.»

«Vata, wat meent der Dichta Schiller,
wenn er in der "Jlocke" sacht:
Da werden Weiba zu Hyänen?»
— «Det krichste späta.
Aba freu dir nich druff.»

«Bei dem Frühlingswetta kann ick
frei nach Erich Kästner fragen:
Rin mit de Flamingos oda raus mit de Flamingos
oda wat?»

«Stimmt,
ich habe in der Steppe auch noch nie soviel Leute gesehen.
Das muß hier so eine Art Wildreservat
für Menschen sein.»

«Det soll künstlichet Eis sein?
Det schmeckt weda nach Vanille noch nach Schokolade,
sondern nur nach Plaste.»

«Stimmt det,
det die Lamas Menschen int Jesichte spucken?» —
«Wat meenen Sie, warum wa extra
son breiten Wassajraben anjelecht ham!»

Ede:
«Det ist vielleicht eene Affenhitze,
wat Koko?»

«Da kiekste, Ejon.
Im Stehen, Sitzen und Liejen kannste trinken.
Im Fliejen aba noch nich, wa?»

«Eh, do!
Wat issn hier det Männchen und wat det Weibchen, hä?»
«Det kann euch doch ejal sein. Ihr seid ja ooch nich auseinanderzuhalten.»

«Lieba Ede,
ick hab mein Sohn die Jorillas,
Elefanten und alle Sorten Nashörnas jezeicht.
Bitte, bitte, zeijen Se mir,
wo sind die Meerschweinchen!»

«Rumloofen kann Ihr Bengel, wie er will.
Aber wenn er noch mal uff die Büffel schießt,
wird Onkel Ede böse!»

«Wenn Se unbedingt Tiere aus de Hand füttern müssen,
komm Se doch mit und füttern Se
die Klapperschlangen.»

«Vor dem brauchste keene Angst zu ham. Det ist een Pelikan und keen Klapperstorch.»

«Warum die Eisbärn mit 'm Kopp wackeln?
Denen jeht's wie mir, Oma.
Ick will keen Lebatran,
nee, nee, nee!»

«He, Fiete!
Haste übahaupt 'n Angelschein?»

«Paß uff, du Krümel!
Wenn de ooch so jroß werden willst, denn mußte aba
imma scheen deinen Löwenzahn uffessen.»

«So een kleenet Panzernashörnchen
muß sich erst langsam an die Menschen jewöhnen.
Heute jeh ick zum ersten Mal mit offnem Visier rin.»

«He, versaut mir nich die Affen!
Die sind schon frech jenuch.»

«Vata, heiraten Stachelschweine ooch?»
— «Ja, aba janz vorsichtich!»

«Sag mal, Ede, hast du nicht mal daran gedacht
zu heiraten und eigene Kinder zu haben?»

«Det Spucken, Kleena, kriejen wa späta.
Du lern erst mal loofen!»

«Stimmt det,
det die Riesenschildkröten
zweehundat Jahre alt werden?»
— «Komm Se in hundatachtzich Jahren wieda,
denn kann ick Ihnen det jenau sagen.»

«Ausjerechnet in der Woche des Tierparkfestes
nimmst'e deinen Haushaltstag!»

«Wat, da staunste, Edeltraut, wat ick den Flamingos beijebracht habe?»

«Und denn sachste scheen "Drushba" zu deinem Bräutjam.
Allet andere looft denn von alleene.»

«Au Backe, Vata!
Haste schon mal so'n jroßen Elefanten jesehn?»
— «Aba ja. So groß sind die Tiere,
die deine liebe Mutta aus Mücken macht,
wenn Vati mal'n bisken späta vom Skat kommt.»

«Sieh mal, Leonhard,
dieses schöne Nilpferd.»
— «Oma, das ist kein Hippotamus amphibius,
sondern ein Rhinoceros indcus,
zu deutsch: Panzernashorn.»

«So geht das aber nicht, Herr Ede.
Zu einer richtigen Trauung gehören auch
richtige Trauzeugen.»

«Komm, Ede,
bleib nich bei jeda Kuh stehn. Wir haben Urlaub,
um uns von den Viechern zu erholn.»

«Vor vierzich Jahren
war ooch son scheena Herbst, und du hast
unta meinem Fensta ooch so jerufen.»

«Is det een Männchen oda een Weibchen?»
— «Na, det kann doch wohl nur
eenen Elefanten intressiern,
oda?»

«Wenn ihr nich sofort
in eure Buchte marschiert, erzähl' ick euch
det Märchen vom Wolf und die sieben Jeislein.
Denn könnt ihr acht Tage vor Bammel
nich schlafen.»

«Wat schleppst du dauernd mit dir 'rum?
Muß ick dir jeden Tach
den Beutel ausräumen?»

«Ick weeß,
daß det 'ne Krokodilledaimitatzjon is.
Aba woher soll et det Krokodil wissen?»

«Die Kühe hier ham' alle so'n weißen Po.»
— «Jenau, wie Vata,
wenn'a am FKK-Strand die Badehose auszieht.»

«Wenn Se schon
Ihr'n Fiffi mit in'n Tierpark mitbringen dürfen,
müssen Se ihn aba ooch an de Leine führn.
Klar?»

«Onkel Ede,
kannste mir eenen Schwung echte Adlerfedern besorjen,
wenn deine Vöjel in de Mauser kommen?
Denn bin ick Häuptling Adlerooge,
der Clou vom janzen Kietz.»

«Det hier ist een Stereo-Kamel
mit zwee Boxen.»

«Warum läßte die schwere Arbeet
von Edeltraut machen?» —
«Nur bei die Löwen.
Die sind's von zu Hause jewöhnt,
det die Frauen ihnen det Fressen 'ranschleppen.»

«Sieh dir das an, Hein. Ein Backbord- und ein Steuerbordpapagei!»

«Ede, sieh zu, daß du deine Klamotten zurückgewinnst!
In zwanzig Minuten macht der Chef seine Runde!»

«Bilde dir doch bloß nicht ein,
daß diese Herren in dir nur das Weib sehen!»

«Siehste,
det sind fliejende Hunde!
Und wat kannst du?
Noch nich mal mit de Ohrn wackeln kannste!»

«Aba die Besucher finden det saukomisch,
Herr Professor!»

«Vasteh ick nich, wieso trauert der Schwan?
Mit sechs Kindan steht man in unsam Staat
doch dicke da.»

«Er hat sich zu Silvesta
an die im Wassajraben ausjesetzten Jraskarpfen
überfressen.»

«Bald könn wa mal wieder
in Friedrichstadtpalast jehn.
Schon wejen det Ballett.»

«Warum kannst du Lausebengel dir nich richtig uffhängen wie deine Kollejen, hä!»

«Ick kiek ma lieba die Leute an, die sich die Affen bekieken. Die sind ville ulkja.»

«Ede, wo sind
unsere Filzstiefel geblieben?»

«So isset richtich.
Die kleenen Kinda schön warm einjepakt
und denn raus an de frische Luft.»

«Akbar, laß die Jraßkarpfen in Ruhe!
Die ham wa zum Entkrauten der Jräben und nich als Katafrühstück einjesetzt!»

«Haste jehört,
so 'ne Schlange frißt nur alle vier Wochen een Karnickel.»
«Jetzt jeht die alte Leier mit dem Kostjeld
wieda los.»

«Im Somma könn die Leute nich jenuch jlotzen.
Aba jetzt im Winta,
wo wa richtich in Form sind,
is keen Aas zu sehn.»

«Wat denn, Oma,
in den sollen wir beede rinpassen?
Da haste dir aba von die Jebrüda Jrimm
eenen Bärn uffbinden lass'n.»

«Heinrich, nu mach mal 'n bisken hinne!
Wejen die eene Stange könn' wa ja nu nich 'n Extrapaket
an de Knoppfabrik schicken.»

«Det war ja nu der unpassendste Moment für deine Frage,
wie mir det Wildschweinjullasch in de Jäjaklause
jeschmeckt hat.»

«Jibts denn sowat?
Könntest du stundenlang mit'n Hintan
im Schnee sitzen?»
— «Bin ick vielleicht een Yeti,
oda wat?»

«Dem Schneeleoparden
isset im Außenjeheje wohl ooch zu kalt.»
— «Quatsch! Eitel is der!
Draußen bekiekt ihn doch jetzt keena!»

«Bloß weil diese Raben-Löwenmutta
ihre Jör'n nich annimmt, muß ick mir meenen Ausjehanzuch
bekleckern lassn.»

«Die sind janz varrickt nach meine Afindung.
Speiseeis mit Lebatranjeschmack.»

«Kiek mal Oma,
wie der kleene Kolibri an de Flasche zuckelt!»
— «Mussa ja ooch,
wenna jroß und stark werden will.»

«Und det ist der Onkel Uhu
aus'm Kindafernseh'n.»
— «Jut und scheen,
aba wo is der Käfich von Pittiplatsch?»

«Kosko! Mach det nich nochmal!
Sonst scheuer ick dir eene, det de dir ausjestoppt
im Naturkundemuseum wiedafindest.»

«Beruhije dir, ick brauche
det Jewicht deines Sprößlings nich für KIM,
sondern for det Flamingo-Zuchtbuch!»

«So'n Adlaooge ist so dufte konschtruiert,
det du vajleichsweise,
wenn de vom Fernsehturm runtakiekst, sehn kannst,
ob dein Vata den Trauring uff hat
oda nich.»

«Nu hat Onkel Ede euch den janzen Schnee wechjeräumt, jetzt könnta wieder frech aus eure Löcha kieken.»

«Det macht nüscht, Ede! Ick fahr' morjen sowieso zur Kur int Moorbad.»

«Und ick hab doch bloß jesacht, det die Delphine een höheren Intellijenzjrad ham wie beispielsmäßich Menschenaffen!»

«Jetzt wird et wirklich Frühling,
die Ameisen sind ooch schon wieder da!»

«Edeltraut macht uff flotte Biene.
Se schmiert dem Bärn Honich ums Maul,
damit er merkt,
det der Wintaschlaf vorbei is.»

«Keene Angst.
Ick schlanket Kerlchen mach keene Eierkur.
Ick wollte bloß mal kieken,
wat wa an Nachwuchs
zu erwarten ham.»

«Ick hab heute in de Tierklinik
durch'n Mikroskop jekiekt. Ijittijitt.
Viecha jibt det. Und jefährlich sind die...»

«Wurde Zeit,
det der Ede Wassa injelassen hat.
Endlich könn' wa anbaden.»

«Schleecht eenen Jachdhund nich det Herze höha,
wenn'a son schönet Stücke Wild sieht?»
— «Na klar, hat ihm ja der Tierarzt vaordnet,
weil'a son niedrijen Blutdruck hat!»

«Edeltraut, darf ick dir meinen ehemalijen Biolehra vorstelln? Er kricht heute zum Tach des Lehras von mir eene Ehrenführung durch'n Tierpark.»

«Ja, äh, die Kamele mit eenen Höcka sind die Männchen, und die mit zwee Höcka sind die Weibchen.»
«Ja, und die ohne Höcka sind die Väta, die in der Schule nich uffjepaßt ham.»

«Ick gebe mir die jrößte Mühe,
damit ihr keen Sonnenstich kricht,
und ihr freßt euch jejenseitich
die Strohhüte uff!»

«Im Tierpark Berlin
soll es eine Pinguinanlage geben.
Da könnten wir in Ruhe
unseren Nachwuchs ausbrüten.»

«Knipsen Se den Jungen nochmal
mit 'n Löwen uff de andre Seite. Sein Zwillingsbruda
liecht nämlich im Bette und is krank!»

«Der Vata von die kleenen Tija?
Der wohnt im Leipziger Zoo.»
«Aha, vastehe! Und nu schickt'a die Alimente in Form
von Kotletts, wa?»

«Mutta, soll det een Tanzbär sein?»
— «Recht haste,
bessa als dein Vata tanzt der allemal.»

«Ich bin erst neu aus Kuba
hier eingeflogen worden.
Sag mal, Kollege,
wie lange dauert hier eigentlich
die Regenzeit?»

«Tante Berta is een Lebenskünstla.
Se kommt jeden Tach uff 'ne Stunde und freut sich diebisch darüber, daß det Nashorn noch zwee jrößere Pickel uff de Neese hat als sie.»

«Der da mit seine Heule hat anjefangn!»

«Warum heeßt det Kamel ooch Schiff der Wüste?»
— «Weil de dadruff
janz eklich seekrank wern kannst.»

«Riesenesel, bissig!
Möchte wissen, ob uff der andan Seite
ooch wat druff steht.»

«Schön die Flasche austrinken, Anka.
Du willst doch 'mal ein richtiger
großer Affe werden.»

«Wat sachstn dazu, Mutta,
wat der Schwan for 'n schwarzen Hals hat!»
«Tu nich so, als ob det wat Besonderet is.
Wenn de nach Hause kommst, mein lieber Schwan,
jeht's ab in de Badewanne!»

«Det war der jroße Eisvogel.
Jetzt hast'n mal in Aksjon jesehn.»

«Jetzt ma ehrlich, Hugo,
Det mußte zujeben,
dajejen siehste blaß aus, wa?»

«Een Pferd? Wat issn det?»
«Ick weeß ooch nich.
So müssen früha die Autos ausjesehn ham.
Noch vor de Oldtimer.»

«Himmlich, so een Kuß in fünf Meter Höhe!»
«Ick fahr übamorjen mit dir ins Tele-Café,
da kriechste een Kuß
in zweehundat Meta Höhe!»

«Wat sachste dazu, Vata?
Die Affen hier sind janz andas konschtruiert.
In mein Bildabuch ham se'n roten Po!»

«Den ham wa nich mehr.
Der ist ja vor zirka zwee Millionen Jahren
ausjestorben.» — «Aha, habt ihr wohl
vakehrt jefüttert, wa?»

«Ick hab mir extra nich rasiert, Herr Professa,
damit ick der Stachelschweinmutta sympatischa bin,
wenn ick ihr die Kleenen zum Wiejen wegnehme.»

«So'n Gekko kann richtich die Wände hochjehn.»
«Wie mein Vata,
wenn ick mit 'ne Vier in Mathe nach Hause komm'.»

«Ick will aba mal 'ne richtije bunte Kuh sehn!»
— «Denn müssen wa in'n Zirkus Aeros jehn.
Da loofen se in de Manege rum.»

«Reiß dir zusamm', Orje!
Der kiekt schon wie een Luchs.»
— «Na und, is ja ooch eena.»

«Det sind die einzijen Hunde, mit denen man
am FKK-Strand spaziern jehn kann.»

«Er arbeetet nur nach de Natur.»

«Mal ehrlich, Oma,
wat hast'n in Bio for ne Zensur jehabt?
Weil de mir son Ulk vom Klapperstorch
azehln willst.»

«Wieso looft'n der Affe
frei rum und is nich injespunnt?»
— «Wat weeß ick,
vielleicht hatta Bewährung.»

«Kiek mal, Vata, een Wassabüffel mit Mütze!»

«Du mußtest ihr ja unbedingt det Türuffmachen beibringen!
Jetzt hat Anka schon wieder
die Jeldbriefträjerin vajrault.»

«Nüscht hörn, nüscht sehen, nüscht sprechen.
Beinah sone Bejeell hatt'n wa ooch mal.
Aba die ham wa durch 'n paar
tüchtije Kollejen vastärkt.»

«Ihr habt hier so ville Viecha,
aba wieso sind die meisten davon Vöjel?»
— «Weil unsa Professa Dathe
een berühmta Ornitheologe ist.»

«Det is ja sehr lieb, det du mir übaall,
sojar bis in de Milchbar, nachwatschelst.
Aba hier hört die Freundschaft uff!»

«Noooorbert! Wo bist d u u u u?»

«Wo issen der Silbafuchs, Vata?»
— Na, wo schon.
Der wird als lebendet Exponat
zur Leipzija Messe jefahr'n sein.»

«Wenn Se mit Jewalt füttan müssen,
denn tun Se Ihre Abfälle
in die Specki-Tonnen.
Die wern vorm Füttan kontrolliert.»

«Aba Herr Professa, ick dachte,
zum diesjährijen Tierparkfest wollten wa doch 'ne
besonders dufte Tierparade loslassen?»

«Herr Ede,
ich brauche für meine Kreuzworträtsel
noch ein paar Reptiliennamen.»
— «Ick bin beschäfticht.
Wie wär's denn mit Kreuzwortotta?»

«Wenn dir een Besucha 'nen Vogel zeicht,
mußte det nich unbedingt nachmachen.
Du bis doch keen Autofahra.»

«Diese Affen leben uff die Felsen von Jibraltar.
Se sind also die einzijen Affen Europas.»
«Bist du da ganz sicher, Ede?»

«Wo jeht'n det zu de Pferde?
Mein Frank-Detlef kennt sone Tiere
bloß aus'n Bildabuch.»

«Du, Pappa,
jibt det ooch Pfeffa- oda Paprikamiezen?»
— «Un ob. Aba det aklär ick dir erst
nach der Jugendweihe.»

«Ich hab jelesen,
det diese Wüstenantilopen ihr'n Flüssichkeitsbedarf
aus feste Nahrung decken.»
— «Vastehe. Ick soll mein Wodka
aus de Kartoffel lutschen, wa?»

«Könn' Se nich lesen?!»

«Sowat von etepetete,
aus dem wird nie een richtijet Schwein!»

««Paß uff den Kleenen uff!
Ick flieje jetzt los,
Beute machen.»

«Ick will dir bilden,
lese dir vor: Schneezieje.
Da machst du jleich uff beleidichte
Lebawurscht.»

«Ick hab den Kleenen jefracht,
wat ihm beim Tierparkfest am besten jefall'n hat.
Da sacht der doch jlatt:
Herr Fuchs und Frau Elsta!»

«Na Ede, glaubst du jetzt auch, daß es echte indische Löwen sind?»

«Ick nutze die Wintamonate zum Sprachuntaricht.
Außa Eiakopp und Lora könn' die noch nüscht.
Also jetzt im Chor:
Juten Tach, liebe Besucha!»

«Hier ist doch ne kleene Jiraffe jeborn word'n.
Warum issen die nich draußen?»
— «Deine Mutta is doch nach deine Jeburt
ooch nich jleich mit dir rodeln jejangen,
oda?»

«Kosko, hör uff zu drängeln! Du wartest jefällichst, bis Dombo zu Ende jebadet hat!»

«Imma diese Knutscherei,
wenn die Lippenbärn draußen sind!»

«Ach,
petzt er schon wieda?»

«Det sind die Kumpels,
die ihren AWG-Einsatz for die Pinguinanlage
machen.»

«Na, wat is, Kumpel?
Wenn de 'n anständijet Rad schlächst,
darfste ooch von meine Bockwurscht
abbeißen.»

«Und bilde dir bloß nicht ein,
daß du mich an der Nase herumführen kannst
wie deine Elefanten!»

«Brauchst keene Angst zu ham.
Der brüllt nur nach seine Frau.»
— «Genau wie du,
wenn de uff de Leita stehst
und die neue Jlühbirne vajessen hast.»

«Ede, deck den Papagei zu.
Er muß ja nicht unbedingt zusehen,
wenn wir Vögel essen.»

«Soone langen Arme müßte man haben.»
«Ja, denn kannste deine albernen Kleida
alleene hinten zuknöppen!»

«Allet nur Illusion, Oma.
Simba leidet zur Zeit an Appetitlosichkeit,
und er soll denken,
wir ham 'ne neue Speisekarte.»

«Haste jesehn, Elfriede?
Appel anjebissen und bums
— runtafall'n jelassen.
Wenn ick zu Hause aus'n Fensta kieke,
jlobe ick manchmal,
det bei uns ooch'n paar Affen wohn'n.»

«Und zu mir sagst du immer,
ich soll meine Nase nicht
überall reinstecken!»

«Kiek mal, Vati. Wie die Bremer Stadtmusikanten.»

«Den Papajei ham wa aus Kuba jekricht.
Könn' Se mir mal übasetzen,
wat der so azählt?»

«Mamma, müssen sich die Elefanten
ooch jeden Abend den Hals und die Ohrn waschen?»
— «Det macht der Ede mit'm Schlauch.
Willste det ab heute ooch so?»

«Sind die Känguruhs alle aus Australijen?»
— «Die großen freilich.
Die glee'n sind aber schon geborene Berliner.
So wie du.»

«Sieh dir doch die junge Jiraffe an, Mutta.
Soo kleen und so niedlich!»

«Da könnta echt stolz druff sein.
Der Kürbis is buchstäblich uff euan Mist
jewachsen.»

«Für den Beruf eenes Tierpflejas
is ihr Sohnemann aba'n bißken kleen.»
— «Wir dachten so mehr
für die Hängebauchschweine.»

«Iß endlich deine Stulle uff, Jens-Uwe!
Nimm dir mal'n Beispiel an die kleene Jiraffe,
die ist seit vorjet Jahr een Meta jewachsen.»

«Herzlichen Jlückwunsch, lieber Ede!
Man merkt doch jleich,
det die Eltern im Tierpark arbeeten.
Der Kleene is schon dreimal die Jardine
hochjeklettert.»

«Der Prachtkata is nu schon zum zweeten Mal
vierfacha Vata jeworden.
Wenn der so weitamacht, könn wa indische Löwen
nach Indien exportiern.»

«Zur Einjewöhnung
bediene ick unsere Pfleglinge
imma individuell.»

«Wie macht'n ihr die weißen Stachelschweine?»
Wascht ihr die mit Spee,
oda wie?»

«He, lieje nich da wie ausjestoppt!
Für meene eene Mark will ick dir loofen sehn.»

«Das Lama wird in seiner Heimat als Tragtier benutzt,
steht hier, Tragzeit elf Monate.»
«Ja, ja, die Kordilleren,
und dann der weite Weg zum Bahnhof.»

«Warum issen det Känguruh uff'n Boom?»
— «Wer weeß, wat der Ede
jrade wieda zu ihm gesacht hat.»

«Wat woll'n Sie denn mit'n Vorelkäfich im Tierpark?» — «Solange hier Hunde rumloofen derfen, wer ick doch mein' Pippifax zeijen könn, wie seine großen Vawandten, die Papajeien, ausseh'n, wa!»

«Wenn de noch eenmal ausrückst, mein Lieba,
denn kriechste wat hinta de Ohrn,
det die Fedan fliejen. Denn siehste aus
wie'n Broiler!»

«Ede, hast du irgendwo Klein-Erichs Flasche gesehen?»

«Det Terrarium
is imma noch wejen Rekonstruktion jeschlossen.»
— «Keen Wunda, die Krokodile
sah'n ooch schon janz scheen alt aus.»

«Der Tija hat die Streifen zur Tarnung.
Damit kann er sich bessa ranschleichen.»
— «So wie du mit deinen jestreiften Pyjama
nachts an'n Kühlschrank, wa?»

«Wat jibt's denn da zu lachen?»
«Ich stell mir jrade vor, hi, hi, wie ihr den Elefanten mit die Spitzmaus jekreuzt habt.»

«Also, wenn wir mit dem Bild nich den ersten Preis
im Fotowettbewerb kriejen,
will ick Eiakopp heeßen!»

«Det is sone Miniausjabe von dem Saurier,
den ick dir im Naturkundemuseum
als Jerippe jezeicht habe.»

«Jratulatzjonscour
bei die Humboldt-Pinguine.
Se ham ihr erstet Ei jelecht.»

«Det sind unsre stillen Reserven.
Wenn der Tierpark billich een paar Enten koofen kann,
und et fehlen siebzehn Mark fuffzich,
denn muß ick eben tauchen.»

«Wat is? Die Löwen sind dir zu müde?
Denn mußte komm', wenn se Fastentach ham.
Denn könn' se sich an sone Fijur wie deine jarnich
jenuch satt sehn.»

«Der Emu hat Heimweh.
Er ist een Antipode, denn Australjen
liecht uff de andere Seite von de Erdkugel.»

«For die weißen Stachelschweine brauchste doch keen Farbfilm, Vata!» — «Klar, doch. For die roten Oogen, Bengel!»

«Das ist doch ganz natürlich.
Wir haben Anka bei uns zu Hause aufgezogen,
und außer Ede hat sie noch keinen richtigen Affen
gesehen.»

«Hier amüsiern se sich. Möchte nich hörn,
was se sagen würden, wenn wir uns so in de Milchbar
uffführn täten.»

«Papa,
azählste mir heute abend wieda det Märchen
von Schneewittchen im Jlassarch?»

«Warum heeßt'n det 'Breitmaulnashorn'?»
— «Weil es vülleicht auch
Spützmaulnashörner güpt.»

«Dauert jarnich lange,
denn haste jenau so een scheenet Fell wie deine Mutta.
Bloß olle Ede, der muß ewich mit seine
Sommasprossen rumloofen.»

«Heute früh sagte Ede, er müsse mal kosten,
ob das Kraftfutter für die Rinder auch in Ordnung ist.»

«Da kannste lange nach Indiana kneisten.
Trappen heeßen die!
Nich Trapper!»

«Wat issen?
Fehlt etwa Zucka am Tee?»

«Hör auf, Ede!
Ehe der Pfau sein Rad schlägt, ist die Sonne weg,
und dir ist wieder ganz trieselig.»

«Bloß keene Drängelei, Jungs!
Jeda von euch kricht seine eijene Stange!»

Und du quälst dir heute noch,
bloß weil de mit deine Silvesterrakete
im Frack uff'n Balkong jejangen bist.»

«Keena sacht uns Bescheid,
ob wa Vata jeword'n sind oda nich.
Vom Besuch der Wöchnerinnen
janz zu schweijen.»

«Da strahlt aba die Edeltraut,
wenn ihr so een Affe die Hand küßt.»

«Aber Ede, ich denke, Sie haben Urlaub?»
«Ja, wissen Sie een besseret Plätzchen bei dem Wetta, Herr Professa?»

«Onkel Ede,
die süßen Schweinchen
wern doch nich jeschlachtet, oda?»
— «Keene Bange. Wer bestellt sich schon
son kleenet Eisbeen?»

«Der Nikolaus-Tach is vorbei, Jungs.
Jebt mir endlich meine Stiefel wieda!»

«Wenn nu jeda die Elefanten mit Zucka füttat!
Eenes Tages sind se Diabetiker,
und wer muß ihnen die Spritzen in det dicke Fell jubeln?
Icke!»

«Diese weißen Strauße sind eene Mutatzjon.
Durch det Fehlen von Farbpigmenten im Jroßgefieda---.»
«Red keene Opern, Onkel.
Ick züchte selba weiße Mäuse.»

«Im Tierpark bin ick schon dreimal ermahnt worden. Hier kann ick so ville füttan wie ick will.»

«Wat rennst'n uff eenmal so?
Weil et hier so stinkt?»
— «Det ooch. Aba ick hab uff eenmal son Durscht
uff Bockbier jekricht.»

«Los, Edeltraut, ruf die andan zusammen.
Ich jründe eene Bocksprungsparte!»

«Dem fehlt janüscht.
Den hat uns een Zahnarzt jebracht, weila die Patzjenten im Wartezimma varickt gemacht hat.»

«In freia Wildbahn
ham die bis Tempo hundat druff.
Da muß ick hia ne Jeschwindichkeistbejrenzung
uffstelln.»

«Halt stille, Suleika!
Ick mach den Traum meina schlaflosen Nächte
aus dir.
Eene echte Kamelhaarwollmatratze.»

«Vata,
warum ham die kleenen Kamele noch keene Höcka?»
«Det is 'ne Fraje der Entwicklung. Äh — det kann dir deine Mutta bessa aklärn.»

«Det machen se imma so, wenn im Radio der Säbeltanz von Chatschaturjan jespielt wird.»

«Sone Jiraffe soll ja bei ihre Jeburt
aus zwee Meeta Höhe runtafalln.»
— «Also ehrlich,
manchmal kommste mir ooch so vor.»

«Wat hampelste denn wie een Affe?»
— «Am liebsten würde ick rübaklettern
und mitspielen.»

«Nehmen Se bloß den Knaben von de Brüstung!
Se wissen doch, det Füttan hier vaboten is!»

«Ede demonstriert nur unseren ausländischen Gästen
den Schwirrflug und die Nahrungsaufnahme
der Kolibris.»

«Bei Kleen-Benny
heeßen die hier Indiana-Pinguine,
wejen die duften Fedan am Kopp.»

«Ist sie nicht herrlich,
diese Laubfärbung?»
— «Ja, besonders am Bauch.»

«Loofen kann der kleene Fietje schon.
Jetzt lernt ihm seine Mutta det fliejen.»

«Aba nur, wenn sich die Vöjel wie zu Hause fühln,
könn wa mit Nachwuchs rechnen,
Edeltraut!»

«Mamma,
ick will Schlange sehn
und nich Schlange stehn!»

«Kiek mal, Ede,
wie ulkich die Mäuse hier im Kamelhaus
aussehen!»

«Die Kugel in der Mitte?
Da ist ein Meerschweinchen drin.»
«Siehste, da hörste det wieda, wo die Biesta
übaall rinkrauchen,
wenn man nich uffpaßt.»

«Was machst denn du da, Ede?»
«Ick will mal kieken, wie dir die fliejenden Hunde sehn, wenn se baumeln.»

«Es begann damit,
daß Ede wegen der Bewegungsarmut
mit den Affen Frühsport machte.
Jetzt zeigt er,
was er von ihnen gelernt hat.»

«Mama,
jib mir mal eene von deine Pillen!
Ick hab Angst vorm Storch.»

«Heute hat mir eena jefracht:
Is det Zebra weiß und hat schwarze Streifen?
Oda isset schwarz und hat weiße Streifen?»

«Edeltraut,
zeije den Herrschaften mal die Bärn.
Die jlooben,
der hier is det Berlina Wappentier von wejen
den jroßen Schnabel!»

«Könn' Se nich am Wochenende
mit die Riesenschlangen uff meine Datsche komm?
Die Karnickel fressen mir
det janze Jemüse uff.»

«Kricht die kleene Jiraffe
ooch son langen Hals wie ihr Vata?»
— «Logisch. Die will doch ooch mal
üba det hohe Jitta kieken.»

«Det jeht schon in Ordnung.
Die Be Je El is damit einvastandn, det mir
meene Brijade beim Umzuch hilft.»

«Is det nu een Papajei oder ne Mamajei?»
— «So wie der uff de Stange hängt,
müßte et een Opajei sein.»

«Heute mußte in de Jrätsche jehn beim Saufen.
Der Uffzuch is kaputt.»

«Aha, det is bestimmt der Rucksackbulle, uff den se in de El Pe Je so jewartet ham.»

«Is das hier das Stelzvogelhaus?»
«Nee, det Affenhaus.
Aba wir hatten hier schon ville Nachzuchten,
da jeht der Storch ein und aus.»

«Wissen Sie überhaupt, wer ich bin?»
— «Ick hab Sie hier im Tierpark
schon mal jesehn. Ick weeß bloß nich mehr
als wat.»

«So, der Blinddarm is 'raus.
Aber wo ist Schwester Monika?»

«Inspektor! Kommen Sie schnell!
Der Pako spielt mit dem Ede Jo-Jo!»

«Hörn Se uff,
Wir machen für Ihren Kleen-Detlef keene Schildkrötensuppe.
Morjen will der Bengel vielleicht Elefantenrüssel
uff Holzkohle jejrillt!»

«Een bisken eng, die Kindastube.
Aba ick hatte überhaupt keene.»
— «Det merkt man heute noch.»

«Erstens is Fasching,
und zweetens hat det Zebra heute Jeburtstach,
jawohl!»

«Die Pullen? Na hör mal, ick bin doch keen Kamel,
wat uff Vorrat saufen kann.»

«Ick wollte mal frajen,
ob ihr een paar fliejende Hunde brauchen könnt.»

«Büffeln, büffeln mußte, Junge.
Damit keen Ochse aus dir wird.»

«Weißt du,
warum der Storch die Mama in die Wade
gebissen hat?» — «Aus Neid,
weil er selber keene hat!»

«Ihr habt det natürlich ville bessa
als die armen Speckis, die aus de Tonne ernährt wern.
In den Eicheln,
wat die Berlina Jörn for euch jesammelt ham,
sind keene Rasierklingen,
Scherben oda Zijarettenstummel!»

«Stimmt det, Ede,
det der Wolf der Stammvata aller Hunde is?»
«Jlob' ick nich. Wir ham ihn von kleen uff,
und der is hier nie rausjekomm'.»

«Jetzt brauchen wir nur
dein Gewicht abzuziehen, dann wissen wir,
wieviel sie wiegt.»

«Wat heeßt hier Jartenschlauch.
Ick bringe die Riesenschlange in de Tierklinik.»

«Na, an wat ainnat dir son Alpacka?»
«Det ick morjen im Lindenhotel mit Silbaputzen dran bin.»

«Da, bitte sehr!
Wenn euch die Birne friert,
könnta se in angewärmten Sand stecken!»

«Ooch Diabetika, wa?»

«Na, ihr kleenen Stinkmäuse?»
— «Du wasch dir erstmal die Beene,
bevor de die kleenen Tierchen
beleidichst!»

«Feieramd, Kinda!
Bei Einbruch der Dunkelheit wird der Park jeschlossen!»
«Wir wollten ooch bloß mal zukieken,
wenn sich die Füchse
,Jute Nacht' sajen.»

«Wo iss'n der Nebelparder?»
«Na, im Außenkäfich, wo er bei dem Wetta hinjehört.»

«Jut det de mir erinnerst!
Ick muß morjen mit mein Trabbi
unbedingt zum Waschbär.»

«Wenn de Edeltraut
noch mal in de Wade beißt,
krichste aba wat hinta de Löffel.»

«Bei dem Nebel
muß ick for die Jeier 'ne Einflugschneise markiern,
damit se ihr Freßchen finden.»

«Aus vier Meta Entfernung jenau uff de Mütze.
Is det nu ne sportliche Leistung
oder ne Respektlosigkeit?»

«Ohne die Stelzen
kann ick hier in de Kafeterija nich
in die Aquarien kieken.»

«Na, Ede, heute uff Außenstatzjon?»
«Nee, freia Tach.
Hier mäkelt keena am Futta rum. Hier kiekt man
nur in dankbare Pupillen.»

«Vata,
wat iss'n det for'n Tier?»
«Ick jloobe, det heeßt Zubrowka.»

«Haste jehört?
Eiakopp hatta jesacht.»
— «Ja, aba dabei hatta dir anjekiekt!»

«Kratz mir doch ooch mal.
Hier zwischen de Flüjel.»

«Wat du imma mit mir hast.
Von wejen Bierbauch.
Die armen Schweine ham in ihrn Leben noch keen Bier
jesehn, und ham ooch soone Wampe.»

«Übrigens,
haste die Einkellerungskartoffeln anjemeldet?»

«Nimm dir mal een Beispiel an de Affen!
Der Kleene ist müde,
und seine Mutta trächt ihm uff'n Puckel.»

«Hier, der dreizehnte links unten.
Damit hat er Schwierigkeiten beim Zubeißen,
Herr Zahnarzt.»

«Komm,
wir benehmen uns wieder mal wie Menschen,
damit die hinterm Gitter was zu lachen haben.»

«Kricht der ooch richtje Affen zu fressen?»
«Nee, meistens nur sone,
die üba die Absperrung klettan!»

«Nu wackel doch endlich mal mit de Ohrn!
Mir is so heiß!»

«Det hat mir jrade noch jefehlt,
det du altet Kamel noch'n Weisheitszahn
krichst.»

«Det also is 'ne Kindastube.
Und sowat soll mir sozusagen jefehlt ham.»

«Sieht der nicht aus wie een richtja Drachen?»
«Ick hatte noch nich det Vajnüjen,
deine möblierte Zimmawirtin zu jenießen.»

«Was gut gegen die Kälte ist,
ist auch gut gegen die Hitze.»
— «Einvastanden, Oma.
Komm, wir jehn een Jrog trinken.»

«Du wirst langsam fett, meine Dicke.
Im Zirkus hab ick ne Jiraffe
in Jalopp jesehn.»

«Wascht euch euer Futta heute mal alleene.
Edeltraut hat heute Haushaltstach.»

«Ick könnte mir beölen.
Der erinnat mir imma an mein' Alten,
wenn er sonnabends 'nen Hausschlüssel ham will.»

«In deine Haut
möchte ick aba ooch nich stecken.
Seit jestan quälste dir
mit deine alte Pelle rum.»

«So eene lange Zunge möchte ick ooch ham.»
— «Vastehe,
damit de deinen Eialikör aus de Gläsa
lutschen kannst.»

«Det rejnet ja jarnich!»
«Ham Se noch nie wat von Tarnung jejen Tiefflieja jehört?»

«Hör mal, Bruda, du bist doch Spezialist.
Sind die Kumpels da jeschweißt oda jenietet?»

«Kiek ma, Enno,
det is ne Flugente wie wa letzten Weihnachten
jejessen ham.»
— «Ick will aba een Kaßla-Broiler sehn,
wie wa heute jejessen ham.»

«Jehn Se mal mit Ihre Fusselrolle weita.
Kieken darf er ja.
Aber nich kläffen!»

«Brauchst keine Angst zu haben.
Wir drei sind schon lange pensioniert.»

«Meine Oma hat bei Halsschmerzen imma een alten Strumpf umgelecht.
Aba soone langen Strümpfe jibt det jarnich.»

«Edeltraut,
wo issen die Pulle Eialikör jeblieben,
die wa heute abend zum Jeburtstach
mitnehmen wollten?»

«Wieso armet Tier?»
— «Na, du hast Jahre dazu jebraucht,
aba er is gleich als Esel zur Welt jekommen.»

«Hoffentlich
kriejen wa dieset Jahr wieda eenen Weihnachtsboom.
Der letzte hat ja een bisken schwer im Majen jelejen,
aba die Kerzen waren lecka.»

«Det is vielleicht een Wetta, Leute.
Am liebsten
möcht' ick ma in mein' eijenen Beutel vakrauchen.»

«Kiek ma, wat da steht!
Det fetzt, wa?»

«Jetzt steht der Hirsch in der Brunft.»
— «So? Ick jlobe eha,
der steht inne Pfütze.»

«Bloß weil du zu Weihnachten
eene echte Krokodilledatasche ham willst,
soll so een süßet unschuldijet Tierchen
abgeschlachtet wern?»

«Meesta,
im Laden is een Varrickta, der will zu Weihnachten
vier mannshohe, locka jebackene Bäckabrote bestelln.
For seine Elefanten, sachta.»

«Zu dumm, dieser Regen!
Immer läuft mir dadurch der Beutel
voll Wasser.»

«Vata, ick denke,
die Störche fliejen im Herbst nach'n Süden.»
— «Na, hör mal,
wo die hier son duften Posten ham.»

«Na, Kosko,
warst du ooch imma schön artich zu deine Pfleja
Ede und Edeltraut?»

«Irgendein Kind muß ihr den Teddy zu Weihnachten geschenkt haben.»

«Ich mußte Sie um einen Hausbesuch bitten.
Der Patient besitzt keinen Hut
und Mantel.»

«Das ist Agathes Fehltritt
bei den Flamingos!»

«Der kiekt jenau wie du jestan,
als Tante Sibylle mit dem jleichen Mantel
zu Besuch kam.»

«Ick hab jesacht, puste die Kerzen aus!
Weita nüscht!»

«Unsa Lehra hat jesacht,
det da oben is'n Fetthöcka
für schlechte Zeiten.»
— «Na, denn lieba een Bauch.»

«Hat der Pfau keen Haus?»
— «Wozu, mit dem langen Schwanz
macht der sowieso nicht die Türe
hinta sich zu.»

«Ach, ihr zwee beede!
Anstatt mir heute zu Silvesta mit Edeltraut
und 'ne Bowle een Affen anzuballern, muß ick bei euch
Nachtwache schieben.»

«So macht man Inventur, Edeltraut.
Allet, wat hochfliecht, sind Wildenten.
Wat unten bleibt,
sind unsere, die mußte zähln.»

«Jeht da runta!
Sonst heest det, Ede wirft Perlhühna
vor die Säue.»

«Kiek mal, Vata.
Der kleene Affe braucht keene Wieje,
wa?»

«Na, endlich zufrieden mit'n Wetta, alte Eule?»

«Was ist los, Ede? Ist das Schäfchen krank?»
«Nee, aba meine Sejelohrn sind bei det Wetta besonders empfindlich.»

«Das ist keine verspätete Silvesterrakete, sondern ein Klistier für Luise!»

«Bessy, Weihnachten ist vorbei!
Dein Beutel ist leer.
Zurück in deine Hütte!»

«Jrinse nich noch so scheinheilich!
Natürlich bin ick uff deine jefrorne Spucke
ausjerutscht!»

«Komm schnell, Edeltraut!
Jetzt spielen se wieda Eisbrecha!»

«Wo hatt 'n die Brillenschlange ihre Brille?»
— «Uff'n Hintakopp.»
— «Det kenn ick von Opa.
Da kann se aba lange suchen.»

«Wat suchst'n, Kleena?»
— «Eenen Knallfrosch.»

«Det is Kultur am Arbeitsplatz!
Wenn ihr Hornochsen übahaupt bejreift,
wat det bedeutet.»

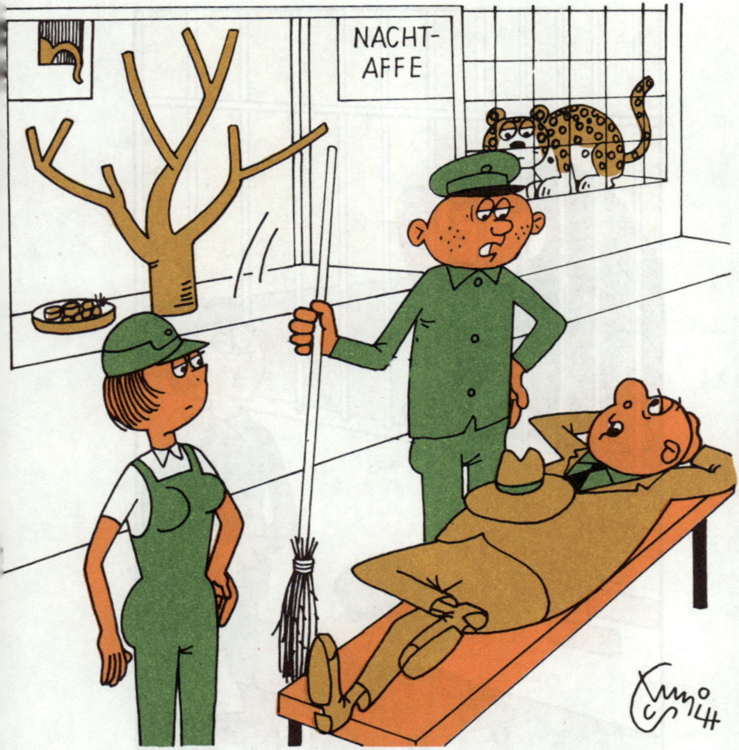


«Saren Se mal, wolln Se hier übanachtn?»
«Jenau.
Ick will mal den Nachtaffen voll in Aktion sehn.»

«Hör auf zu betteln.
Dein Großvater in den Karpaten
hat auch seinen Winterschlaf
ohne Tabletten gehalten.»

«Wat macht'n der Eisbär da?»
— «Der schüttelt den Kopf über diesen Winter!»

«Wir sind jetzt in die Woche des Buches reinjetreten.
Ick wer euch mal wat aus'n Urania-Tierreich vorlesen.
Det is so 'ne Art Knigge for Tiere.»

«Sind Jiftschlangen eijentlich nützlich?»
«Klar! Aus ihrem Jift kann man Serum herstellen.»
«Wozu ist det Serum jut?»
«Damit kann man Menschen impfen, die von Jiftschlangen jebissen worden sind.»

«Warum müssen die Flamingos
jetzt imma im Haus bleiben?»
— «Weil se draußen in die Kälte Beene
wie Brechsparjel kriejen.»

«Mein Opa kann uff ne Jießkanne
een Hirsch nachmachen.»
— «Mein Bruda hat mal uff ne Trillapfeife
eenen Schiedsrichta nachjemacht.
Da war wat los.»

«Hallo, Tierklinik!
Hier spricht Edeltraut. Sagen Sie mal, Doktor,
ist Winterschlaf ansteckend?»

«Een Jlück, det hier een Wassajraben is.
Mein Fido jacht jede Katze!»

«Wat issen der Untaschied
zwischen eenen indischen
und eenen afrikanischen Löwen?»
— «Ick schätze viertausend Märker!»

«Nur wenn sie einem etwas beibringen sollen,
sprechen sie klar und deutlich.
Aber sonst nur bla-bla-bla.»

«Laß die erste Frühlingsblume stehen, Suleika.
Wenichstens bis ick se Edeltraut
jezeicht habe.»

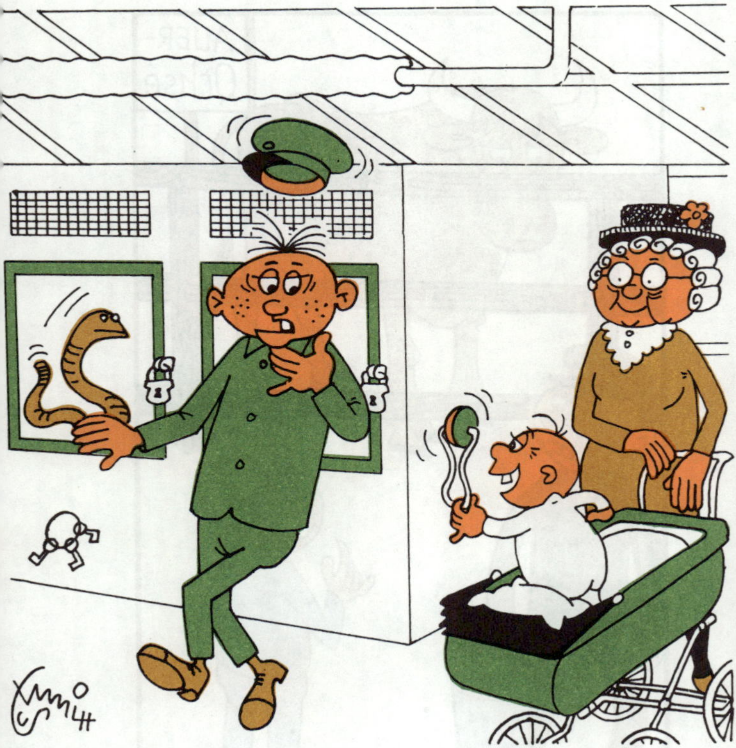

«Kleen-Erich!
Hast du dein' Vata aba een Schreck int Hemde jejacht.
Ick dachte, die jroße Klappaschlange
steht hinta mir.»

«Wo komm' denn der her?»
— «Det sacht doch der Name.
Aus Aue natürlich.»

«Kann so'ne Schildkröte
ooch aus ihrn Panza raus?»
— «Na klar — als Suppe.»

«Vata, wat heestn M a r a b u?»
«Schätze,
wieda so 'ne Abkürzung. Maschinen-Rationalisierungs-Bude,
oda so.»

«Nu faß ma doch mal richtig um, du Heini!
Sojar die Kamele ham schon jemerkt, det Frühling ist,
bloß du nich.»

«Warum heest die Säbelantilope?»
— «Na, wejen die Hörner.
Nich wejen die Beene.
Denn müßtest du Säbelorje heißen.»

«Hau ab! Ick hab'n Schnuppen.
Wie stellst'n dia det
mit deine lange Neese vor, hä?»

«Ach, Edeltraut,
ick hab mir det so scheen vorjestellt.
Die Elefanten solltn dir mit'n Blumenstrauß im Rüssel
zum Frauentach jratuliern.
Nu ham sie allet uffjefressen.»

«Det macht der imma so. Der hatte ’ne Hundeamme.»

«Warum heißen die Fußgängerüberwege eigentlich Zebrastreifen?»
— «Damit nur Fußjänga und keene Zebras rübaloofen!»

«Rentjees sollen det sein...»
— «Wat denn,
die Kleenen sind ooch uff Rente?»

«Komm, Vata nimmt dir uff de Schulta.»
«Nee, ick will wie der kleene Affe an Muttan baumeln!»

«Det war der unjünstichste Oogenblick, Oma.
Wie steh' ick jetzt vor Kleen-Erich da?
Icke, Ede, der Beherrscha und Meesta
der Tierparkelefantenherde.»

«In Ostafrika werden die Rinda
nich wejen det Fleisch jehalten,
sondern als Reichtum.
Jewissermaßen eene Sparkasse uff Beene.»

«Kiek mal, wat der für eenen Schnabel hat,
Junge, Junge, is det een Ding,
sowat hab ick noch nich jesehn,
Mensch is det een Schnabel...»
— «Ja, aba den hälta zu!»

«Wie soll's mir jehn?
Belämmat. Ick rase von eene Lämmajeburt
zur andern!»

«Na,
Edeltraut, hab ick von die Trachkraft der Blätta
von de Victoria cruziana zu ville azehlt?»

«Papa, koofste mir so ne kleene Zicke?»
— «Und zu Hause loofen deine Eltern
den janzen Tach mit ne Wäscheklamma
uff de Neese rum, wat?»

«So ham wa als Kinda
ooch an de Kloppstange jehangen
und uns de Welt andasrum anjekiekt.»

«Der nasse Kopp macht nüscht,
Edeltraut,
solange wir unsan betriebseijenen Fön ham.»

«Siehste, Suleika,
ihr seid euan Wintapelz los, und Oma kann für Kleen-Erich
wat Feinet aus echte Kamelhaarwolle stricken!»

«Du alter Esel!» —
«Du junger Mensch!»

«So eenen hat sich mein Vata
antiquarisch aus Holz jekooft.
Der kostet jenauso ville,
wennich noch mehr.»

«Entschuldigen Se,
ham Se hier een Klappastorch vorbeiloofen jesehn?»
«Uns könn' Se nicht vakohln, junga Mann,
wir jlooben schon lange nich mehr
an' Klappastorch.»

«Jenau wie dein Vata Ede am freien Wochenende.
Unrasiert und den janzen Tag im Schlafanzuch.»

«Wie ging das noch?
Sieh da, sieh da, Timotius,
die Kraniche des Ibykus
— oder die Ibisse des Kranikus?»

«Herrlicher Baikaaaal!»

«Hör mal,
det bleibt aba unta uns.
Lech mir mal for Kleen-Erich
een Exquisit-Ostaei!»

«Wat scheert mich Weib, wat scheert mich Kind!»

«Entweder er pennt oda er frißt.
— «Genau wie Keule, wa?»

«Afrika is doch jrößa als Indien.
Also ham die afrikanischen Elefanten
jrößere Ohrn als die Inda.»

Sie heißen nicht unbedingt Ede und Edeltraut.
Sondern z.B.: Rolf und Monika Hempel.

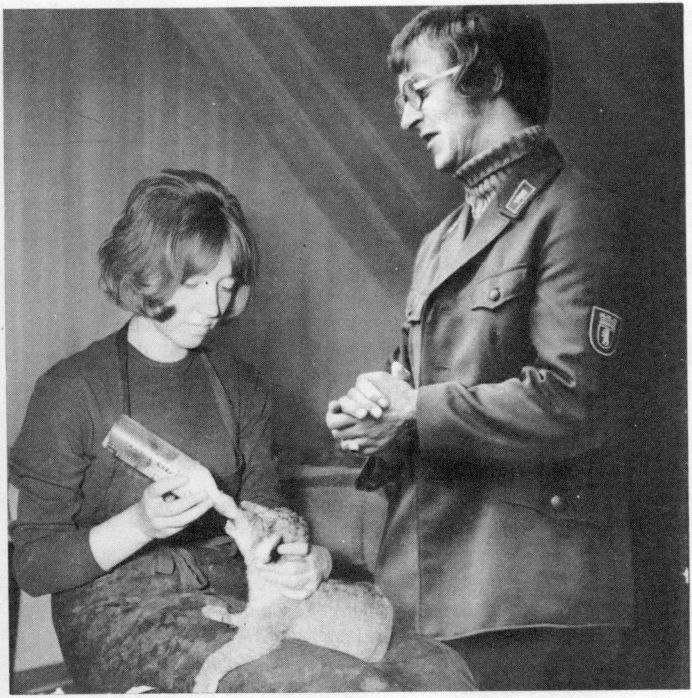

Oder sie heißen Klaus und Liane Dedekind.
Sie sind – wie die Hempels – von der Pike an dabei.

«Onkel Erich», wie sich Erich Schmitt gern selbst titulierte
und von Freunden und Bekannten auch liebevoll
genannt wurde, war ein Berliner Original unserer Zeit.
Mit Herz und Schnauze, Eigenschaften,
die man den Berlinern nachsagt, brachte er in
seinen Zeichnungen ihren Humor zu Papier.
Schon 1948 druckte die damalige Jugendzeitung «Start»
die ersten Zeichnungen des Vierundzwanzigjährigen.
Der gelernte Schlosser wußte, was harte Arbeit bedeutete.
Auch Zeichnen war für ihn, den Autodidakten,
schwere Arbeit, die leicht aussah.
Nach dem Start im «Start» tauchten bald darauf die ersten
«Männeken» — so nannte er immer seine Figuren — in der
«Berliner Zeitung» auf. Mehr als drei Jahrzehnte blieb er der
«Berliner» treu, nahm mit Tausenden Karikaturen
zu innen- und außenpolitischen Fragen Stellung.
An den Zeichnungen, in denen er humorvoll Situationen
des Alltags festhielt, bietet sich mancher Vergleich
mit unserer Entwicklung an:
Waren seine «Männeken» anfangs spillerig
und dünn, wurden sie im Laufe der Jahre immer runder...
Am meisten liebte «Onkel Erich» die Serien.
So war er der geistige Vater der Schwester Monika,
des Roboterkollegen Blech, Nixi, der Insassen der Arche Noah,
des Weltraumabenteurers Karl Gabel, vom Tierpark-Ede...
Am 29. Dezember 1984 verstarb Erich Schmitt.
Mit der Herausgabe des «Verschmitt'zten Tierparks»
in einem Band wollen wir seinem Motto folgen:
Mindestens einmal am Tag müssen die Leute lachen!